Rolf Breuer

Handbuch der Hochstapelei
in der Literaturwissenschaft

Rolf Breuer

Handbuch der Hochstapelei in der Literaturwissenschaft

LITERATURWISSENSCHAFT

Covergestaltung unter Verwendung eines Photos von www.photocase.com

Rolf Breuer

**Handbuch der Hochstapelei
in der Literaturwissenschaft**

1. Auflage 2009 | ISBN: 978-3-86815-174-9

© IGEL Verlag GmbH , 2009. Alle Rechte vorbehalten.

Die Deutsche Bibliothek verzeichnet diesen Titel in
der Deutschen Nationalbibliografie. Bibliografische
Daten sind unter http://dnb.ddb.de verfügbar.

Vorbemerkung

Angesichts der Professionalisierung der Literaturwissenschaft in den letzten Jahrzehnten und ihrer Erweiterung zur Kulturwissenschaft und vor allem angesichts der Bedeutung „der Theorie" sind die Professoren inzwischen erheblich schwerer zu verstehen als früher, vor allem schwerer als die Dichter selbst. Zudem gibt es auch mehr von jenen als von diesen, so dass sich der Akzent des Studiums von der Primärliteratur auf die Sekundärliteratur verlagert hat. Zum Ausgleich behaupten allerdings viele der fortschrittlichsten Theoretiker, es gebe zwischen Literatur und Sekundärliteratur keinen ontologischen Unterschied (mehr). So ist das Bedürfnis nach Wörterbüchern der Literat*urwissenschaft* entstanden, während Gero von Wilperts bekanntes *Sachwörterbuch* noch ein solches der *Literatur* war, und auf dem angloamerikanischen Markt gibt es auch schon Dutzende der neuen Art, einige von ihnen inzwischen in deutscher Übersetzung. Das vorliegende Bändchen reiht sich in diese Tradition ein, ist aber von Anfang an für deutsche Bedürfnisse konzipiert.

Da ich auch Umgang mit Nicht-Geisteswissenschaftlern habe, weiß ich, dass sie das Folgende vielfach nicht für möglich halten würden. Aber es ist wahr. Und man sieht die Notwendigkeit eines Sachwörterbuchs wie des vorliegenden unmittelbar ein. Gleichzeitig aber ist es ein Dokument. Literatur- und Kulturwissenschaften mögen nicht den unmittelbaren wirtschaftlichen und gesellschaftlichen Nutzen der Physik oder Biologie haben. Dafür kennen sie aber auch nicht das Phänomen von Lug und Betrug, womit die Naturwissenschaften immer wieder einmal ins Gerede kommen. Nach den führenden französischen und amerikanischen Theoretikern der Literatur- und Kulturwissenschaften gibt es nämlich keine Wahrheit, keine Objektivität und keine Fakten, folglich keine Wahrhaftigkeit und somit auch keine Unwahrhaftigkeit. Diese beneidenswerte Lage wird in dem folgenden Sachwörterbuch und Personenlexikon dokumentiert.

1.3.2009

R. Br.

Sachwörter- und Personenlexikon

Autopoiesis Wichtiger Begriff der Biologie, der die Fähigkeit lebender Organismen (Systeme) zur Selbstorganisation (→ Chaos-Theorie) bezeichnet. Autoren wie Samuel → Beckett oder Flann O'Brien haben – ohne dass es damals diese Theorien gegeben hätte – schon in den vierziger Jahren Romane verfasst, in denen sich Texte und Charaktere selbst schaffen, selbst organisieren und gelegentlich auch selbst beseitigen. Natürlich ist das Verfahren nur Schein. Bei Beckett soll es darstellen, dass der Mensch (der Schriftsteller) eben *kein* Gott ist, bei Flann O'Brien geht die Sache in Richtung sehr gescheiten Blödsinns.

Viele avancierte Literaturwissenschaftler – munitioniert von der Theorie, alle Wirklichkeit sei nur Sprache (vgl. auch → Konstruktivismus) – erkennen den Unterschied zwischen Autopoiesis in der Natur und (metaphorischer) Selbstorganisation in literarischen Texten nicht an (→ Meta-Literatur). Wir werden diesem höheren Unsinn noch oft begegnen.

Autors, Tod des Idee von Roland Barthes und Michel Foucault. Gemeint ist nicht, dass auch Autoren sterblich sind, sondern dass literarische Texte im Zeitalter der → Intertextualität keinen einzelnen, identifizierbaren Autor mehr haben und dass die Intention (des Autors) für die Bedeutung eines literarischen Werks keine Rolle spielt. Aber wie das mit dem Fortschritt bei den intellektuellen Moden so ist: je fortschrittlicher, desto kürzer die Haltbarkeit. Es ist wie beim proklamierten „Tod des Romans", „Tod des Subjekts" u. ä.: die Romanproduktion blüht, Subjektivität ist in, Autobiographien – echte und fiktive – sind die neueste Mode, Biographien überschwemmen den Markt. Allerdings meint Christine Brooke-Rose (1999), dass das Ganze sowieso ein Missverständnis sei, dass Barthes mit „Tod des Autors" die Abwesenheit eines identifizierbaren *Erzählers* in Alain Robbe-Grillet et al. meinte.

Beckett, Samuel Barclay Wichtiger Gewährsmann der Poststrukturalisten und Dekonstruktivisten, u. a. deshalb, weil einige seiner Romane so angelegt sind, als schüfe sich der Text selbst (→ Meta-Literatur). Gelegentlich scheint es bei B. auch so, als vernichte sich der Text (und damit der Erzähler-Autor) selbst. B. selbst war freilich klug genug zu wissen, dass das alles logisch abläuft und daher de facto nicht geht. Wenn der Autor in den Text komponiert wird, dann wird der reale Autor B. eben zum Autor-Autor, aber natürlich gibt es ihn noch. Man kann sich weder selbst erschaffen, noch an den eigenen Haaren aus dem Sumpf ziehen, noch sich (zur Gänze) auffressen (ungeschehen machen). Daher scheitern B.s 'Helden' und Werke an dem, was sie sich jeweils vornehmen. Künstlerisch ist das hochinteressant, aber als wörtlich verstandene Erkenntnistheorie? Das Letzte ist übrigens, Becketts Stil „kondestruktiv" zu nennen (A. Merger 1994).

Bedeutung Lebensweltler denken meist, die Bedeutung einer sprachlichen Äußerung liege in der Intention des Sprechers, die einer Handlung in der Absicht des Handelnden. Sie fühlen sich missachtet, wenn ein Bekannter sie nicht grüßt, obwohl er sie gesehen hat, weil sie dann annehmen, er habe sie nicht grüßen *wollen*. Sie fühlen sie dagegen nicht missachtet, wenn ein Bekannter sie nicht grüßt, weil er sie nicht gesehen hat und daher schlecht grüßen konnte. (Deshalb guckt auch manchmal einer weg, wenn er grüßen müsste, aber nicht grüßen will und doch nicht will, dass der andere das merkt. Wenn jedoch der andere gesehen hat, dass der eine extra wegschaut ...)

Heute sagen uns die fortschrittlichen Literaturtheoretiker, die Bedeutung eines Textes werde vom Hörer oder Leser in der → Lektüre → konstruiert. Dementsprechend gebe es keine Substanz, keine gegebene Wirklichkeit, keine → Wahrheit, sondern nur Zuschreibungen, Rollen, Konstrukte. „Esse est percipi" hatte ganz früher schon einmal einer behauptet.

Tatsächlich *schreiben wir* dem anderen *seine Intention zu*. Aber gibt es *gar keine* Intention per se, *gar keine* Substanz, *nur* Zuschreibung? In Wirklichkeit fängt die Wissenschaft da doch gerade an: Schreibe ich jemanden eine Absicht *zu Recht* zu? Natürlich kann man eine Pistole als Briefbeschwerer benützen. Aber sollte man deswegen den Waffenschein abschaffen?

Borges, Jorge Luis liebte das Spiel mit dem infiniten Regress und der → *mise en abîme*. Viele seiner Geschichten stellen fiktional Thesen auf, die heute oft für Ernst genommen werden.

In seiner Kurzgeschichte *Die Bibliothek von Babel* erzählt B. von einer Bibliothek, die alle Bücher enthält, die bei einem Alphabet von 25 Buchstaben und ca. 1.000.000 Zeichen pro Band kombinatorisch möglich sind.

Unter den ziemlich vielen Büchern dieser Bibliothek – mit $25^{1000000}$ Bänden wäre sie, Buch an Buch gepackt, *sehr* viel größer als das ganze Universum mit seinen ca. 10^{72} bis 10^{82} Atomen – fände sich auch eines, das Goethes *Faust* enthielte, aber natürlich nicht als von Goethe geschrieben, sondern als Ergebnis purer Kombination. Auf den Leser kommt es an, das Buch zu finden. Der Leser erschafft hier die → Bedeutung des Textes, der Autor ist nicht nötig (→ Autors, Tod des). Im Stein ist die Skulptur, jeder ist sein eigener Phidias!

In seinem Essay *Kafka und seine Vorläufer* schreibt B., Autoren beeinflussten nicht nur die Nachgeborenen, sondern erschüfen sich auch ihre Vorläufer (→ Intertextualität). Traditionellerweise sagt man: Nach Hitler *hören* wir Wagners Lohengrin *anders*. B. würde sagen: Hitler hat Wagner *verändert*. Die Werke sind nichts Wirkliches, sondern existieren bloß in unserer Wahrnehmung. B. erkannte selbst, dass das auf Berkeleys „esse est percipi" hinausläuft. Dort jedoch war Gott der Beobachter, der in seiner Wahrnehmung alles in der Existenz hielt. Wenn nun aber Gott entfällt, wie das bei den Postmodernen natürlich der Fall ist, bleiben nur wir selbst als Beobachter und damit Schöpfer unserer selbst. Das aber wollte jedenfalls Berkeley nicht.

In seiner Geschichte *Von der Genauigkeit in der Wissenschaft* berichtet B. von einer Landkarte, die Punkt für Punkt mit der Landschaft, die sie abbilden soll, übereinstimmt. Da stimmt dann die Geographie mit der Landschaft überein, die Wissenschaft mit ihrem Gegenstand. In der Literatur/wissenschaft wären Shakespeare und die Dissertation über ihn ununterscheidbar. Schön wär's! Aber vielleicht käme auch ein Sparpolitiker auf die Idee, dass Wissenschaften, die ihren Gegenstand überhaupt erst erschaffen, überflüssig sind. Warum sollte man sich gezielt durch Lösungen Probleme schaffen? Andererseits hat die These auch ein eigenes Sparpotential, denn wenn die Landschaft mit der Landkarte identisch ist, dann müsste es reichen, in der Universitäts-Mensa die Speisekarte als Essen vorzulegen.

Chaos-Theorie Seit Jahrzehnten reden alle von der Krise der Germanistik, dass Bedeutung keine Eigenschaft von Texten ist und neuerdings sogar, dass es keine → Wahrheit mehr gibt. Das geht natürlich den sensiblen unter den Literaturwissenschaftlern irgendwann einmal an die Nieren, so dass sie schließlich zu jedem Strohhalm greifen, um ihre Disziplin über die Runden zu retten, und daher setzen einige auf das Pferd namens Chaos.

Immerhin hat → Beckett selbst gesagt, es könne für einen Künstler heutzutage nur noch darum gehen, dem allgegenwärtigen Durcheinander Gestalt zu geben und das klingt ja wirklich wie Chaos und Ordnung in dynamischen Systemen und dissipativen Strukturen. Sodann kommt das Konzept der Selbstähnlichkeit in Mandelbrots Fraktalgeometrie der → *mise en abîme* der Heraldik und Literatur nahe. Und das der Selbstorganisation der → Meta-Literatur. Nur so kann ich es mir erklären, dass R. W. Müller-Farguell (1995) von der „fraktalen Rhetorik der Tanzfiguren in Nietzsches Texten" zu sprechen wagen zu dürfen glaubte. (→ Lektüre).

Bei den meisten Literaturwissenschaftlern ist aber von der Ch.-Th. nur die Sache mit dem Schmetterling hängen geblieben, der in China die Flügel schlägt, was einige Zeit später in den USA einen Wirbelsturm zur Folge hat. Das erlaubt jedem von uns → Professoren der Literaturwissenschaft, die wir in unseren einsamen Arbeitszimmern für die Unsterblichkeit schreiben, die begründete Hoffnung, unsere Pupse würden eines Tages zu einem Taifun im Blätterwald führen.

Cixous, Hélène Berühmte französische Literaturwissenschaftlerin, Schriftstellerin und Feministin. Textprobe aus der Ankündigung eines Seminars an der Pariser Universität Vincennes im Jahre 1977 mit dem Titel „Femmes écrites, femmes en écriture":

> [...] wir müssen über die universitären Vincennes-Szenen hinaus, in denen sie [die namenlose Frau] unter Verschluss oder Kastration gehalten, zurückgehalten und vor dem Leben behütet wird, über ihre Weisen arbeiten, wie aus dem „Transfert" (der Übertragung) ein „Transpère" (ein Vater-Transit) wird, arbeiten über ihre ausschweigenden Auswege aus dem Netz der Massenmedien und aus der Gesellschaft der Blendwerke, dieser Bildschirm-Druckerei, uns vorarbeiten auf den Gleisen ihres „transfaire" (ihres Übergangs) hin zu den Orten, wo sie sich in fröhlicher Arbeit als Frau und als Fortschreitende erleben kann, falls sie in der Realität will, was sie wirklich will. Das Verlangen der Frau

ist das Paradies (Cixous in der deutschen Übersetzung 1980).

Na gut, ich würde auch nicht gerne mit jeder alten Seminarankündigung konfrontiert werden; andererseits habe ich sie auch nicht veröffentlicht. Aber nun steht Cixous im Brockhaus, und bei mir war bisher das Berühmteste, dass ich gefragt wurde, ob ich in den *Who's Who der Prominenz* aufgenommen werden wollte, wozu ich mich aber hätte verpflichten müssen, ein ziemlich teures Exemplar zu kaufen.

Dekonstruktion Poststrukturalistisches Vorgehen bei J. → Derrida, in dem traditionelle Begriffe wie *Substanz* oder binäre Oppositionen wie *männlich-weiblich* ihres Selbstverständnisses enthoben werden. Alle unsere Wirklichkeitsmodelle gelten als konstruiert und müssen daher dekonstruiert werden. Was Literatur und Literaturwissenschaft angeht, so besagt der Poststrukturalismus, dass literarische Werke („Texte") keine inhärente → Bedeutung haben, diese vielmehr im Akt des Lesens (→ Lektüre) vom Leser erhalten. Daher sind alle Texte prinzipiell gleich gut und die Theorie eignet sich im Kampf gegen literarische → Kanons. In der Lebenspraxis geht das zwar nicht, denn man bekäme Schwierigkeiten mit den

Mitmenschen, wenn man einfach selbst bestimmen würde, ob man ein Lächeln als Beleidigung auffasst oder einen Puff im Gedränge als Angriff, aber in der Literaturwissenschaft geht es, weil die Autoren, da meistens tot, nicht protestieren können oder, wenn noch lebendig, die Professoren nicht lesen, so dass auch dann kein Widerspruch erfolgt.

Damit meine ich nicht, dass an der Theorie gar nichts Wahres wäre. Wenn mich jemand verspottet, und ich verstehe seine Sprache nicht, dann ist seine Rede *für mich* keine Verspottung. Allerdings habe ich ihn dann auch nicht verstanden.

So ist die Dekonstruktion der Gegenpol zur klassischen Hermeneutik, die ihre Aufgabe darin sah, die Intention des Autors zu *rekonstruieren*. Der Dekonstruktionist findet beim Lesen immer nur sich selbst. Vielleicht erklärt das den Erfolg der Dekonstruktion im Zeitalter des Narzissmus.

Derrida, Jacques Frege ist als „a philosophers' philosopher" bezeichnet worden. Popper ist zweifellos der Philosoph der Naturwissenschaftler. Derrida ist dann der Philosoph der Literaturwissenschaftler. Das kommt von das!

Diskurs　　Allgegenwärtiger Begriff bei den Poststrukturalisten und insofern muss ich ihn in einem Eintrag behandeln, obwohl ich ihn nie ganz verstanden habe. (M. Frank, 1988, aber immerhin auch nicht.) Bei den Amateurphilosophen, die anspruchsvolle Literaturwissenschaftler heutzutage sein zu sollen glauben, ist das Wort ganz auf den Hund gekommen und meint jetzt bloß noch jede Rede(weise), die etwas auf sich hält.

Empirische Literaturwissenschaft　So nennt der Siegener Philosoph S. J. Schmidt das, was er tut. Da in seinen vielen Büchern und Artikeln jedoch nie Schriftsteller oder literarische Werke erwähnt werden, muss das Wort empirisch bei ihm etwas anderes bedeuten als im Brockhaus oder Duden. Vielleicht soll man sich die Literatur beim Lesen von Schmidts Literaturwissenschaft selbst hinzudenken, denn die E. L. basiert auf dem Radikalen → Konstruktivismus, der ja besagt, dass die Wirklichkeit erst im Akt der Erkenntnis vom Gehirn konstruiert wird. In den Worten von M. Flacke (1994), der ein Buch über E. L. und R. K. geschrieben hat:

> Auch für das Nervensystem gibt es weder Input noch Output, es interagiert nur mit seinen eigenen Zuständen [...]

Auf unser wichtigstes Sinnesorgan bezogen heißt das: Wir sehen nicht mit den Augen, sondern mit dem Gehirn. Das ist natürlich eine frohe Botschaft für alle Kurzsichtigen.

Festschrift Die Nachwelt flicht nicht nur dem Mimen keine Kränze, sondern auch dem Literaturwissenschaftler. Die Halbwertszeit von dessen Fachpublikationen ist in den letzten Jahrzehnten in dem Maße kürzer geworden, wie die Moden immer schneller aufeinander folgen, wie die Schulen und Richtungen immer weniger von einander Kenntnis nehmen. Auch macht die schiere Masse der Veröffentlichungen, dass die meisten nie rezensiert oder zitiert werden (können). Dazu kommt, dass die Wissenschaftler der englischsprachigen Welt – des größten Marktes – fast alle nur noch Englisch lesen können, den Rest der Welt also ignorieren (müssen). Das alles ist bitter für diejenigen, die – wie Literaturwissenschaftler – mit Ruhm zu tun haben, selbst ja gerade mithelfen, ihn herbeizuführen oder zu bewahren, aber eben immer nur *für andere*. Einen Trost jedoch haben sich die Professoren geschaffen – die Festschrift.

Letztlich nützt das dem bereits vom Vergessenwerden bedrohten Pensionär allerdings nicht viel; das Problem verschiebt sich nur ein wenig nach hinten. Die Halbwertszeit einer Festschrift ist nämlich eher noch kürzer als die eines Buches des Jubilars, und die schiere Masse der Festschriften ...(s. oben) Besser helfen bei der Bewahrung des Ruhms *Gesammelte Werke*. Wenn alle meine Bücher, Aufsätze und Rezensionen in zehn Bänden hinter Brecht, Brentano und Breton in den Bibliotheken stünden! Leider kommt kein Verlag, kein Herausgeber auf die Idee, obwohl der Bedarf wirklich gegeben ist. Am Ende muss man wieder einmal alles selbst machen. Nun möchte man jedoch die schwärende Wunde nicht allzu sehr bloßlegen, dass man nämlich selbst sein treuester Bewunderer ist. Da ist es besser, die *Gesammelten Aufsätze* unter anderer Flagge segeln zu lassen. So hat einer meiner anglistischen Kollegen kürzlich den ersten Band seiner auf drei dicke Bände berechneten Gesammelten Aufsätze unter einem Titel veröffentlicht (*Shakespeares Spiegel*, 1995), der das nicht vermuten lassen würde. So hat ihn unsere UB, wie andere bestimmt auch, ahnungslos als neues Buch gekauft.

Feyerabend, Paul Von den Postmodernen zu ihrem Wissenschaftstheoretiker erkoren. Sein Pech, denn sie drücken ihn so fest an ihre Brust, dass ihm Luft nur noch für einen Satz geblieben ist:

> Anything goes (Mach, was du willst).

Dies muss aber gegen die Halbgebildeten in Schutz genommen werden. Der Satz bezieht sich nämlich auf die wissenschaftliche Methode und bedeutet, wenn man den Kontext nicht vergisst: Es gibt keinen Königsweg zur Wirklichkeitserkenntnis; die Methode ist vielmehr frei und legitimiert sich durch die Ergebnisse, die sie erbringt. Das ist natürlich völlig in Ordnung. Die Lektüre seines *Wider den Methodenzwang* kann ich nur empfehlen, vor allem seine Argumentation gegen dunklen und prätentiösen Stil sowie gegen das herrische Gehabe vieler Wissenschaftler. Für eine demokratische Wissenschaft! Das heißt: Für eine Wissenschaft, die sich immer wieder vor den Nicht-Wissenschaftlern legitimieren muss!

Forschungsfreiheit Anfang 1997 war ein Gießener Biophysiker angeklagt, seine Messungen für die Veröffentlichung 'aufbereitet' zu haben. Da aber letztlich nicht zu beweisen war, ob das bewusst geschah, obsiegte er mit seiner Forschungsfreiheit über die Universität, die ihn gängeln wollte. Aber dann stellte das Bundesverwaltungsgericht weitergehend fest, dass Wissenschaftler bei ihrem Tun einen ernsthaften Versuch zur Ermittlung der Wahrheit machen müssen, wenn sie von den Bestimmungen der Freiheit der Forschung geschützt sein wollen.

Es gibt sie also doch, sogar bundesgerichtlich approbiert, die → Wahrheit, denn wo Wahrhaftigkeit gilt, ist Wahrheit nicht weit. Aber, verehrte Poststrukturalisten, keine Panik! Da bei uns Kulturwissenschaftlern nicht gemessen, sondern nur philosophiert und gedeutet wird, kann ein Mangel an Wahrhaftigkeit nie festgestellt werden. Insofern bleiben die Thesen von → Nietzsche und Oscar → Wilde unberührt. Außerdem: wo kein Kläger, da kein Richter. Wer wird gegen einen Forscher klagen, der behauptet, Shakespeare sei gar nicht Shakespeare gewesen, sondern ein anderer, und dabei Tatsachen unterschlägt? Bei dem Biophysiker ging es immerhin um die Diagnose von Hautkrebs.

Foucault, Michel Vor ein paar Jahren wollte ich einmal etwas für meine Bildung tun und mir ein vom Verlag „als einführende Gesamtdarstellung" des Werks von Foucault angekündigtes Buch (1994) kaufen. Dann las ich, was der Autor (Christian Jäger) tut:

> Das Ungedachte der Foucaultschen Geschichtsreflexion wird [...] der Chronologie seiner Schriften folgend in der Statik der Organisation der kategorialen Zusammenhänge ausgemacht, die bei aller inhaltlichen Modifikation doch Kontinuitäten ausweisen, die dazu führen, dass die Dynamik des historischen Prozesses strukturell nicht adäquat erschlossen werden kann.

Da merkte ich, dass Foucault für mich zu schwer ist und sparte das Geld.

Fundamentalismus Wörtliches Verständnis heiliger Schriften, etwa der biblischen Schöpfungsgeschichte, die man bis in die Neuzeit hinein so wörtlich verstand, dass man aus ihr beispielsweise den Tag und die Stunde errechnen zu können glaubte, an dem Gott mit der Erschaffung der Welt begann: James Ussher, irischer anglikanischer Erzbischof, kam 1688 auf 6 Uhr abends am 22. 10. 4004 v. Chr. Als die neuentstehende Geologie im 18. Jahrhundert das Alter der Erde sehr viel höher ansetzte und dann im 19. Jahrhundert die Evolutionstheorie ein solches sehr viel höheres Alter der Erde *verlangte*, geriet die fundamentalistische Schriftauslegung in Konflikt mit den modernen Wissenschaften. Konsequente Fundamentalisten müssen seither annehmen, dass Gott die Fossilien extra so gemacht hat, dass sie alt erscheinen, um unseren Glauben zu testen. Fortschrittliche protestantische Theologen gingen den anderen Weg; um das für säkulare Kritik unantastbar zu halten, was sie gerne unantastbar hätten, etwa die Bergpredigt, opferten sie das, was ihnen weniger wichtig war. Das Opfer bzw. die Rettung geschah durch die metaphorische Lesart der Bibel.

Die Fundamentalisten oder Buchstabengetreue suspendieren das kritische Denken also von Anfang an und sie sagen es auch; die Metaphoriker suspendieren später, aber sie tun so, als seien sie kritisch, wobei der Zeitpunkt des Später dadurch bestimmt ist, was man retten möchte bzw. in Gefahr sieht, sonst zu verlieren. Literalisten sind somit wahrhaftig dogmatisch, Metaphoriker heuchlerisch kritisch. Dazwischen muss wählen, wer heilige Texte im Wortlaut unantastbar halten will. (Die katholische Kirche versucht mit der Institution „Tradition" als Glaubensgrundlage neben der Heiligen Schrift einen Mittelweg zwischen Fundamentalismus und Beliebigkeit.)

In der Literaturwissenschaft, die sich aus der Bibelwissenschaft und aus der Klassischen Philologie entwickelt hat, liegen die Dinge einerseits gleich, andererseits anders. Anders liegen sie in pragmatischer Hinsicht, insofern Literaturwissenschaftler aus ihren Texten normalerweise keine Glaubensverpflichtung oder Handlungsanweisung für die Leser ableiten. (Na ja, viele tun es doch.) Gleich liegen sie in methodischer Hinsicht, insofern als den Fundamentalisten die Hermeneutiker entsprechen, die den Sinn eines Textes in der Autorenintention suchen, und den Metaphorikern die Rezeptionsästhetiker, die den Sinn in ihrer → Lektüre finden.

Fußnote, die „Wissenschaftlich" nennt man normalerweise die geregelte und intersubjektiv nachprüfbare Vorgehensweise bei der Lösung von Problemen. Zu einer

Wissenschaft gehören insofern ein wohldefinierter Gegenstandsbereich, eine Sprache sowie Erkenntnisziel, Methodik und Systematik.

Bei der Literaturwissenschaft ist das leider alles ziemlich schwierig, was zu zwei großen Denkschulen unter den Literaturwissenschaftlern geführt hat. Die eine Richtung sagt, dass die Literaturwissenschaft, wenn sie keine Wissenschaft ist, nur Literatur sein kann. Die andere Schule sagt, das, was die Literaturwissenschaft zur Wissenschaft macht, ist die Fußnote. Vor allem Studenten zählen zu den Anhängern dieser Denktradition: Je mehr Fußnoten im Referat, desto wissenschaftlicher, glauben sie, finden die Professoren ihr *paper*.

Es gibt zwei Sorten von Fußnoten, die primitive (im Sinne von „ursprünglich") und die taktische. Der erste Typ, hauptsächlich von Anfängern gebraucht, dient dazu, Quellen, Belegstellen oder Sekundärliteratur anzuführen, auf die man sich stützt oder von denen man sich absetzt. Der zweite, wichtigere Typ dient dazu, seinen Doktorvater aus Dankbarkeit zu ehren, einen wichtigen Professor auf eine Bewerbung um eine an seinem Institut bald freiwerdende Stelle einzustimmen oder um einfach seine Zugehörigkeit zu einer Richtung anzuzeigen. Letzteres ist vor allem in der Form des gegenseitigen Zitierens („Zitierkartell") in mehrfacher Hinsicht nützlich:

- es erspart einem die Auseinandersetzung mit törichten anderen Auffassungen
- es schafft im Zeitalter von → Theorie ein Zusammengehörigkeitsgefühl
- es ist gut für das Renommee, das ja bekanntlich mit dem *Citation Index* gemessen wird, einem jährlich erscheinenden Werk, in dem aufgelistet ist, wie oft man zitiert worden ist

In ihrer höchstentwickelten Form bildet die Fußnote als selbstähnlicher Baustein (s. → Chaostheorie) des als → Metaliteratur zu sich selbst gekommenen Prinzips aller Fiktion und damit Literaturwissenschaft – und hier schließt sich der Kreis zwischen den beiden Wissenschaftstraditionen – das reflexive Ganze in nuce ab. Das ist das Selbstzitat.

Pardon, ich glaube, das war zuviel für mich. Für eine seriöse Behandlung des Themas verweise ich auf Anthony Grafton („Die tragischen Ursprünge der deutschen Fußnote", 1995).

Gattungen, literarische können nach Reinhold Viehoff und Martin Burgert aufgefasst werden als kognitive

„Invarianzbildungsschemata 'mittlerer Reichweite' (anzusiedeln zwischen einzelnen kognitiven Wahrnehmungsschemata oder Gestalten und globalen Schema [gemeint sind wohl Schemata] der 'Weltinterpretation' wie etwa Ideologien" (S. J. Schmidt 1987).

Hätten Sie's gewusst?

gender studies sind die Fortentwicklung der Frauenforschung. Die Bezeichnung *gender studies* ist schwer zu übersetzen, weil den englischen Wörtern *gender* und *sex* bisher nur *ein* deutsches Pendant gegenüber steht, *Geschlecht*. Die Feministinnen haben das alte Wort *gender* als soziologisches Geschlecht, als Geschlechterrolle umdefiniert, so dass *sex* nur noch das biologische Geschlecht bezeichnet. Das hat den Vorteil, dass die Soziologie von der Biologie unabhängig erscheint und sich die Literaturwissenschaftlerinnen – denn die machen vor allem *gender studies* –nicht mit so leidigen Fragen herumschlagen müssen wie zum Beispiel mit der des Einflusses der Hormone auf unser Denken und Verhalten. Die Annahme biologischer Faktoren würde dem traditionellen Essentialismus nahekommen, der Annahme also, dass es so etwas wie Eigenschaften der Realität gibt, während gemäß dem Poststrukturalismus doch alles bloß Zuschreibung ist.

Indem man *gender* sprachlich und sachlich von der Sexualität trennt und die Problematik der Geschlechterdifferenz zu einer rein kulturellen Frage macht, gewinnt man einen wichtigen Vorteil bei der Formulierung seiner (politischen) Überzeugungen. Man entzieht sich – und das nicht heimlich, sondern offensiv – den harten Wissenschaftskriterien der Naturwissenschaften und kann straflos die dollsten Sachen (über *masculinities* zum Beispiel) sagen. Ein Hirnforscher jedoch, der über die bei den Geschlechtern unterschiedliche Stärke der Verbindung zwischen den beiden Hirnhälften Aussagen macht und daran Folgerungen knüpft, lebt wissenschaftlich viel riskanter.

Nun lese ich allerdings in letzter Zeit immer wieder, dass auch radikale Anti-Essentialistinnen anfangen, die Trennung des Geschlechts in *sex* und *gender* zu bedauern. Aber keine Sorge, sie wollen nicht zurück zur Vorstellung einer Dialektik von *nature* und *nurture*, sondern kritisieren an der Trennung, dass damit impliziert wird, es gebe *überhaupt* ein biologisches Geschlecht vor jeder kulturellen Prägung.

Bei den Olympischen Spielen 2008 in Peking gab es ein „Gender Verification Lab", in dem es allerdings um die Entdeckung von XY-Chromosomenpaaren bei Frauen ging, also um das biologische Geschlecht. Wenn das aber auch *gender* heißt, so ist dies zwar der komplette Sieg der → *political correctness*, aber wie es einen „Triumph im Scheitern" gibt (Jesus, Patrick Pearse), so gibt es auch ein Scheitern im Triumph.

Geschlechterdifferenz In den avancierteren kulturwissenschaftlichen Theorien zur Geschlechterdifferenz spielen Hormone, Gene u. ä. klarerweise eine vernachlässigungswerte Rolle. Das hört sich bei einer der führenden französischen Theoretikerinnen so an:

> Die Frau hat mehr oder weniger überall Geschlechtsorgane. Der Mann braucht, um sich selbst zu berühren, ein Instrument: seine Hand, den Kör-

per einer Frau, die Sprache [...] Aber die Frau berührt sich selbst ohne irgendeine Vermittlung, und niemand kann es ihr verbieten, denn ihre Genitalien bestehen aus zwei Lippen, die in beständigem Gespräch sind (Luce Irigaray, 1985).

So kommt es zu den bekannten Missverständnissen zwischen den Geschlechtern!

Gestus Sehr beliebt ist im Moment unter Klappentextern – bei kulturwissenschaftlichen Büchern sind das meist die Autoren selbst – die Phrase, das betreffende Buch habe etwas (zum Beispiel bekannte Theatertheorien) „mit souveränem Gestus durchforstet". Natürlich ist eine feste Körpersprache in vielen Berufen von Vorteil, aber Wissenschaftler müssen aufpassen, wenn sie behaupten, der Gestus ersetze das Wahrheitskriterium, der Stil die Argumentation, denn damit sägen sie den Ast ab, auf dem sie sitzen.

Gleichstellung Drei Prinzipien der Gerechtigkeit werden heutzutage in Deutschland vertreten: die Gleichheit vor dem Gesetz als *Gleichberechtigung*, die *Chancengleichheit* im Leben und die *Gleichstellung* im Beruf. Die Gleichberechtigung kommt aus dem Geist des Bürgertums, die Chancengleichheit aus dem Geist der Sozialdemokratie und die Gleichstellung wird von radikalen Feministinnen vertreten und bezieht sich auf ein ausgeglichenes Verhältnis bei der Einstellung von weiblichen und männlichen Bewerbern um Stellen im akademischen Bereich der Universitäten. Andere Gruppen formieren sich bereits, wie wir aus den USA wissen.

Die Anhänger des Prinzips der Gleichberechtigung wollen (nur) gleiche Wettkampfbedingungen für alle. Die Gleichstellungsbeauftragten hingegen sorgen dafür, dass alle zugleich ins Ziel kommen. Für die Universität bedeutet das Prinzip der Gleichstellung, dass solange allein weibliche Bewerber auf Posten eingestellt werden dürfen, bis sie in einem Fach 50 % ausmachen, oder auch in einem Fachbereich, in einer Universität oder wie auch immer. Vielleicht auch bis es prozentual so viele sind, wie es prozentual Studentinnen gibt, für den Fall, dass das ein günstigeres Ergebnis als 50 % ergibt.

Allerdings muss dazu das Kriterium der Qualifikation außer Kraft gesetzt und das Grundgesetz geändert werden. Diese sind aber Tabus, an die sich selbst die, welche die Gleichstellung propagieren, noch nicht herangewagt haben. Vor einiger Zeit haben es Matthias Kayß und Johann S. Ach (im *Argument* 1997) doch gewagt, das Undenkbare zu denken und anzuregen, bei Kollision der Normen *Frauen zuerst* und *Qualifikation zuerst* der ersten Norm den Vorzug zu geben.

Ihre Argumentation ist jedoch noch nicht ganz ausgereift. Wie soll man verfahren, wenn sich auf eine Stelle *zwei* Frauen bewerben (oder mehr?). Alt vor Jung oder Jung vor Alt? Türkin vor Nicht-Raucherin? Hier ist noch viel Raum für Planwirtschaft.

glössen Vor einigen Jahren veröffentlichte der Göttinger Germanist Christian Wagenknecht in unregelmäßigen Abständen 20-30-seitige Hefte („als handschrift für freunde gedruckt"), in denen er publizierte germanistische Unsäglichkeiten dokumentiert und kommentiert. Bis zur 17. Lieferung ging ihm der Stoff keineswegs aus. Und ich könnte, wenn es nicht so deprimierend wäre, viele Fortsetzungshefte geschrieben haben. Nehmen wir aber doch *ein* Beispiel, den Grammatik-Unterricht an Gymnasien und folglich die Grammatikkenntnisse der deutschen Studenten der Sprachwissenschaft betreffend.

In der *Schulgrammatik Deutsch* von Diethard Lübke (Cornelsen-Verlag 2000) geht es auf Seite 63 um die grammatische Aufschlüsselung des Satzes „Lisa drückt sich klar aus". Da heißt es, dass das Wort „klar" hier ein „Adjektiv-Adverb" sei. Im Deutschen könnten, so heißt es weiter, alle Adjektive auch als Adverbien gebraucht werden. Nun hatte ich seit Jahren meinen Kindern erzählt, dass man zwischen Wortarten und Satzteilen unterscheiden müsse. So würden beispielsweise Adjektive meist – und fast könnte man sagen: naturgemäß – als Attribute gebraucht und Adverbien als adverbiale Bestimmungen. Daher sagte ich im Zusammenhang mit dem „Adjektiv-Adverb" in der Schulgrammatik Deutsch meiner damals zwölfjährigen Tochter, sie solle davon kein Wort glauben. Ein Adjektiv könne nie ein Adverb sein, und es könne noch viel weniger als Adverb „gebraucht" werden. Adverbien seien Adverbien, und das Wort „gebrauchen" könne man nur auf Satzteile anwenden, also auf Begriffe wie „Attribut" oder „adverbiale Bestimmung". Adjektive hingegen seien eine Wortart und kein Satzteil. Man dürfe das Sein eines Wortes nicht mit seinem Gebrauch gleichsetzen. Eine Pistole bleibe eine Pistole, auch wenn sie als Briefbeschwerer gebraucht werde. Es mache aber keinen Sinn zu sagen, eine Pistole werde als Stein „gebraucht".

In dem *Deutschbuch 9* desselben Cornelsen-Verlages wird auf S. 312 überhaupt nur noch von Adjektiven, anstatt von Adverbien, gesprochen; eine Seite später heißt es allerdings, Adverbien seien eine Wortart, die man leicht mit Adjektiven verwechseln könne. In der Tat!

Heisenbergsche Unbestimmtheitsrelation, die Die H. U besagt, dass es unmöglich ist, für ein Elementarteilchen gleichzeitig dessen Ort und Impuls beliebig genau zu messen. Dieses quantenmechanische Prinzip wirft insofern erkenntnistheoretische Probleme auf, als mit ihm der klassische Determinismus in Frage gestellt wird.

Relativistisch gesonnene Literatur- und Kulturwissenschaftler, die durch Rekurs auf naturwissenschaftliche Theorien Eindruck machen wollen, führen die H. U. gerne als Beweis für die poststrukturalistische These an, dass jede Beobachtung und Erkenntnis notwendig subjektiv sei, weil der Beobachter und der Messvorgang die Wirklichkeit derart beeinflussen, dass der Forscher die

Ergebnisse seiner Forschungen beeinflusst oder gar erfindet.

Da diese Literatur- und Kulturwissenschaftler von Mathematik und Physik keine Ahnung haben und Chemie und Biologie verachten oder fürchten, haben sie nicht bemerkt, dass sie Hochstapelei betreiben. Erstens gilt die H. U. nur für den subatomaren Bereich. Wenn ein avancierter Literaturtheoretiker krank ist, darf er weiterhin ganz normal Fieber messen, ohne befürchten zu müssen, dass die Temperatur des Fieberthermometers, die ja niedriger sein muss als die seines Körpers, auf die Temperatur seines Körpers derart einwirkt, dass die Messung nutzlos ist. Von der Beobachtung von Galaxien schweige ich. Zweitens hat die Sache aber auch einen prinzipiellen Haken. Die H. U. besagt nicht einmal für den subatomaren Bereich, dass keine objektive Erkenntnis möglich ist. Sie besagt nur, dass die *beliebig genaue* Bestimmung des Ortes und des Impulses eines Elementarteilchens nicht *gleichzeitig* zu haben ist. Die Unschärfe jedoch kann man genau berechnen. (Da die Projektionsmessungen keineswegs unscharf sind, ist das Wort *Unschärferelation*, das auch oft für die Sache gebraucht wird, irreführend.)

Das heißt allerdings nicht, dass es nicht doch Beobachtungen gäbe, bei denen man nicht Vorkehrungen treffen müsste, damit die Beobachtung das Beobachtete nicht verändert. Ein Beispiel ist die Beobachtung von Kindern durch einen Soziologen, der ihr Sozialverhalten untereinander studiert. Diese Störung möglichst auszuschalten, etwa durch Einwegspiegel: genau das ist Wissenschaft (gegenüber naturwüchsigem *common sense*)!

Bei der Gelegenheit noch ein Wort zur Relativitätstheorie, die auch gerne angeführt wird, wenn es um die These geht, dass alles relativ sei. Die Fachleute sagen es gerne jedem, der es wissen will: Einsteins Allgemeine Relativitätstheorie könnte ebenso gut „Absolutheitstheorie" heißen, weil sie versucht, die Naturgesetze in eine Form zu bringen, in der sie für jeden Beobachter gelten.

Sollte ein Literaturwissenschaftler ernsthaft an dem Problem der Relativität in Logik, Ontologie, Erkenntnistheorie und Rationalität interessiert sein, kann man Paul O'Grady (2002) empfehlen.

hermeneutischer Zirkel Durch ihn unterscheiden sich nach Meinung mancher Hermeneutiker die Geisteswissenschaften (also die Wissenschaften von Texten und ihrem Verständnis) von den Naturwissenschaften. Vor allem Heidegger und Gadamer haben in neuerer Zeit viel Aufhebens vom h. Z. gemacht. Man kann das Ganze nicht verstehen, ohne vorher die Teile verstanden zu haben, und umgekehrt. Das klingt dramatisch, ja tragisch, und soll die Geisteswissenschaftler, die ja keine Fortschritte zu verzeichnen haben wie z. B. die Gentechniker oder die Astronomen, mit der Aura des notwendigen Scheiterns umkleiden. Nun kann man sich leicht weitere solche Scheintragödien vorstellen. Ich kann den Anfang eines Romans nicht verstehen, ehe ich nicht das Ende kapiert habe, und das Ende nicht, ohne den Anfang. Von der Mitte zu schweigen. Überhaupt den Text nicht, ohne den Kontext, und umgekehrt. Und so weiter.

Tatsächlich ist der Versuch, ein System von Interdependenzen zu begreifen, endlos, besteht er doch darin, dass ich irgendwo anfange mit dem Versuch des Verstehens, mich dann gegebenenfalls korrigiere, wenn andere Faktoren das geboten erscheinen lassen, mich vielleicht auch einmal mit jemandem bespreche und so weiter. Da der Akt des Verstehens mindestens eine zweistellige Relation ist, mit Wechselwirkung zwischen Objekt (Text) und Subjekt (Interpret), kann es niemals *die* richtige oder endgültige Deutung eines Textes oder Vorgangs geben. Nur wer das anstrebt, muss so etwas wie den h. Z. fürchten, also die Tatsache, dass er scheitern muss.

Hyper (griech.) entspricht lat. *super*, klingt aber nach noch mehr und wird deshalb in der Computerbranche gern als Vorsilbe benutzt. *Hyperfiction* ist Literatur, bei der man als User vom Autor an jeder Stelle mehrere Optionen angeboten bekommt und durch Anklicken mit der Maus bestimmen kann, was man weiterlesen möchte. Über Begriffe wie *Hypertext* und *Hypermedia* kommt man zur *Hyperkultur*, von der ich in dem gleichbetitelten Buch von Martin Klepper et al. (1996) lese, dass sie versucht, die Welt ohne Zentrum zu denken. Dabei kommt es gelegentlich zu *Hypertonie*; dann sollte man auf Kartoffel-Chips und Salzstangen vor dem Bildschirm verzichten. Vereinzelt wurde infolge von Denken ohne Zentrum auch *Hyperventilation* beobachtet; hier hat es sich in dringenden Fällen bewährt, dem User eine Plastiktüte über den Kopf zu ziehen.

Insider Der Mensch ist bekanntlich ein Herdentier. Aus dem Rudel ausgestoßen zu werden, war eine der schlimmsten Strafen bei den alten Germanen. Und ist es bei den Germanisten!

Neuere Forschungen – zum Beispiel von Thomas Kuhn in *The Structure of Scientific Revolutions* – haben ergeben, dass auch Wissenschaftler Menschen sind. Sie möchten den Alpha-Tieren gehorchen und den Brüdern imponieren. Und Schwestern Schwestern. Früher, während der Zeit der Ordinarienuniversität und ihres Patronatssystems, gruppierten sie sich als „Schüler" um ihren Doktorvater und Habilitationsbetreuer. Heute, im Zeitalter der elternlosen Gesellschaft und der Gremienuniversität, gruppieren sie sich nach Glaubenssätzen („Theorie" genannt), erkennen sich an der Sprache, jedenfalls in den Kulturwissenschaften, und formen Zitierkartelle.

Wer da als Anhänger eines rationalen Wissenschaftsverständnisses transparent schreibt, also durchsichtig, als wäre er nicht da, der läuft Gefahr, vereinzelt wie ein Werwolf durchs Gelände zu irren. Wer „dazugehören" will, muss sich einer der Theorieschulen anschließen, oft mit eigenen Fachsprachen à la Heidegger, Adorno oder

Derrida, etwa den *New Historicists*, den *Cultural Materialists*, den *Deconstructionists*, den *Radical Feminists*, vielleicht auch den *New Cultural Deconstructionists* oder den *Radical New Materialists*.

Hier hat dann auch jene Dunkelheit, ja Hermetik der Ausdrucksweise ihre Erklärung, die dem Laien so rätselhaft erscheint. Der Gebrauch einer solchen eigenen Fachsprache zeigt den Zuhörern oder Lesern, dass der Autor zu den Insidern gehört. Und dass sie zu den Außenseitern gehören. Den Laien ist das egal und sie schalten ab. Aber die Nachwuchswissenschaftler! Sie möchten auch Insider sein! So beginnt eine Imitationsepidemie (Schwanitz, 1997).

Intertextualität Die neueren Arbeiten zur Intertextualität dürfen auf keinen Fall mit der alten Quellen- und Einflussforschung verwechselt werden. Wer auf einem entsprechenden Symposium über den Einfluss Shakespeares auf Goethe sprechen will, kann gleich wieder nach Hause gehen. Goethes Einfluss auf Shakespeare, das ginge (à la → Borges) gerade noch. Aber richtig heißt „intertextueller Diskurs":

[er] [...] erzeugt ein kognitives System *aus Anlaß* einer Textwahrnehmung unter Aktivierung potentiell aller affektiv-kognitiven Bezugssysteme *selbstreferentiell* ein autonomes Resultat, wobei Bedeutungen nicht im Text liegen (S. J. Schmidt, 1988).

Genau! Noch besser ist es, wenn Intertextualität → subversiv ist. Vgl. den von W. Asholt herausgegebenen Sammelband (*Intertextualität und Subversivität* (1994). Hier stört mich eigentlich nur das etwas harmlose Wörtchen „und".

Jetzt aber im Ernst! – Ist es wirklich dasselbe, wenn einmal Marlowes *Doctor Faustus* auf Goethe und seinen *Faust* wirken und das andere Mal unser Verständnis von Goethes *Faust* auf unser Verständnis von Marlowes *Doctor Faustus* zurückwirkt? Das ist nur dann dasselbe, wenn Realität und Interpretation der Realität als identisch angesehen werden, wenn die → Lektüre den Text → konstruiert. Das stimmt zum Teil, aber eben nur zum Teil. Es ist und bleibt nützlich, auch in den Geisteswissenschaften, zwischen Gegenstand und Theorie, zwischen Objekt und Subjekt, zwischen Beobachtetem und Beobachter zu unterscheiden. Nur dann können wir *kritisch* sein!

Kanon   Als Auswahl der besten Autoren und Werke war der K. Ausdruck des kritischen Konsenses einer Nationalphilologie. Dieser Konsens ist in den vergangenen vierzig Jahren so sehr verlorengegangen, dass die Idee eines Kanons geradezu tabu ist. Und so will die Bücherliste *Was sollen Anglisten und Amerikanisten lesen?* (1995) natürlich kein Kanon sein, sondern nur Richtlinie.

Ich darf das Pferd einmal von hinten aufzäumen. Ein Student kann neben der Sekundärliteratur und dem sonstigen Lektürepensum maximal *ein* Buch pro Woche lesen, sei es Roman, Theaterstück oder Lyrikband. Da man zwei Fächer studiert, sind das ca. 25 Bücher pro Jahr und Fach – wohl schon eher eine idealistische denn realistische Rechnung. Bei einer Regelstudienzeit von acht Semestern ergibt das etwa 100 Titel pro Fach. Tatsächlich umfasst *Was sollen Anglisten und Amerikanisten lesen?* ungefähr 2.200 Titel (die angegebenen Anthologien und Hilfsmittel nicht hinzu gerechnet).

Offensichtlich ist hier etwas schiefgelaufen. Wie es kam, ist allen klar. Ich spreche hier einmal als Anglist. Zu den toten weißen Männer-Autoren Englands kamen: erst die Amerikaner, dann die Iren, Australier usw., dann die weißen Frauen, dann die schwarzen Männer, schließlich die schwarzen Frauen, die Indianer, überhaupt alle Ethnien. Aber so wie auf den Straßen irgendwann einmal kein Platz für mehr Autos ist und Wachstum an prinzipielle Grenzen stößt, so auch hier. Die Bibliotheken machen es uns längst vor: Für jede Zeitschrift, die ein Fach neu abonnieren möchte, muss sie eine nennen, die abbestellt werden soll. Wer einen neuen Titel unter die 100 alten bringen will, muss einen zur Streichung vorschlagen. Wer erinnern will, muss auch vergessen können.

In der Schule gibt es immerhin Versuche, die Lektüre von Literatur so zu gestalten, dass man sie möglichst schnell vergessen kann.

Cornelsen zum Beispiel publiziert ein „Sprach- und Lesebuch" mit dem Titel *Deutschbuch 9* für die Schüler der 9. Klasse. Dort gibt es eine Sektion über Liebe bzw. Liebesgedichte. Neben Collage-Schnitzeln in Herzform, Zeichnungen sowie Comic-Figuren und „Anmach"-Geschichten von Schülern und Schülerinnen sind dort auch etwa 15 Gedichte abgedruckt. Man erwartet natürlich Goethe, etwas Ironisch-Romantisches von Heine, vielleicht etwas

Schwermütiges von Lenau, vielleicht Rilke, vielleicht etwas Zynisches von Benn, vielleicht Ulla Hahn. Goethe ist auch wirklich einmal vorhanden, sonst Fehlanzeige. Dafür zwei Gedichte von Schülerinnen, je ein Gedicht von so berühmten Lyrikern wie Heinz Kahlau, Margarete Hannsmann, Katrine von Hutten, Bernd Jäger, Dagmar Scherf. Der bedeutendste deutsche Liebeslyriker aber ist nach diesem Schulbuch offenbar Erich Fried, der mit zwei Gedichten vertreten ist.

Kommunikat Nie gehört? Dann sind Sie im Bereich der Siegener Textwissenschaft nicht auf dem laufenden. Ein Kommunikat ist nach Reinhold Viehoff und Martin Burgert

> eine (transitorische) sinnhafte mentale Repräsentation, [...] die von einem Leser zu einer materialen Textbasis (Kommunikatbasis) unter den psychosozialen Geltungsbedingungen literarischer Konventionen [...] gebildet wird.

Und weiter:

> Der gesamte Vorgang bis zur (transitorischen) Bildung eines (ersten)

Kommunikats heißt Kommunikatbildungsprozeß (KBP).

Diese geistige Explosion erreicht 7,2 auf meiner nach unten offenen Professoren-Skala.

Kommunikation, harte „Harte Kommunikation" ist die Bezeichnung von R. Kray, K. L. Pfeiffer und Th. Studer für *Autorität*. Sie haben ein Buch (1992) darüber herausgegeben, das sie so ankündigen:

> Autorität, Spektren harter Kommunikation können als kulturfiktionale Zugriffe beschrieben werden, mit denen man es versteht, gewohnte Interieurs (zumal westlicher) kultureller 'Errungenschaften' auch dann noch 'persönlich' auszunützen, wenn diese zu einer menschlich zwar beobachtbaren, jedoch nicht mehr handhabbaren semantischen Bürgschaft von unverbindlichen gesellschaftlichen Möglichkeiten gerinnen.

Das ist zwar hart, aber ist es Kommunikation?

Kommunikative Kompetenz ist das Ziel des neueren Fremdsprachenunterrichts an den Schulen. Nehmen wir das Französisch-Lehrbuch des Ernst-Klett-Verlags *Cours intensif I*. Die Lektion 1 strotzt nur so von Vokabeln der französischen Jugendsprache: *le foot* für „Fußball", *super* für „toll", *bof* für „na egal", *chouette* für „klasse", *sympa* für „sympathisch" usw. Das Problem ist nur, dass viele dieser Wörter unregelmäßig konstruiert werden: *sympa* beispielsweise erhält im Plural kein *s* wie die normalen französischen Adjektive, *la prof* (abgeleitet von *le prof* für *le professeur*) hat keine normale weibliche Endung, ebenso *la télé* (Abkürzung für *la télévision*).

Und was das Sprachregister angeht, so stelle man sich bitte vor, man begegnet auf einem deutsch-französischen Austausch einem vierzehnjährigen Franzosen, der gerade begonnen hat, Deutsch zu lernen. Was würde man sagen, wenn er einen am Flugplatz oder am Bahnhof mit den Worten begrüßte: „Hey, Leute, hier bin ich, Deutschland ist ja geil, Grüße übrigens von meinen Alten!" Ist das wirklich kommunikative Kompetenz? Ich jedenfalls weiß genau, dass ich als Kind, schon als Sechsjähriger, ein solches Lehrbuch als Anbiederung der Erwachsenen an uns Kinder verachtet hätte.

Konstruktivismus Natürlich ist hier nicht der Erlanger K. gemeint, eine in Gegensatz zur axiomatischen Methode stehende Richtung der Mathematik und Logik. Dessen Verfechter, P. Lorenzen et al., schrecken nicht einmal vor dem Gebrauch logischer Symbole für Funktoren, Quantoren, Operatoren u. ä. zurück (also ¬, ε, ∀ usw.). Soweit möchten jedoch selbst theoriebewusste Literaturwissenschaftler nicht gehen.

Nein, vielmehr ist derjenige K. gemeint, dessen Vertreter sich freimütig „Radikale Konstruktivisten" nennen, der in den letzten Jahren vor allem bei Sozial- und Literaturwissenschaftlern sehr beliebt geworden ist und besagt, dass die Wirklichkeit vom beobachtenden Subjekt nicht vorgefunden, sondern eben „konstruiert" wird. (→ Empirische Literaturwissenschaft.) Da ist selbstverständlich was dran, wie uns zum Beispiel der anfangs ja nicht unverdiente P. Watzlawick (1967) dargelegt hat. Ich könnte mir durchaus vorstellen, selbst ein Buch über Othellos Eifersucht als (Fehl-)Konstruktion von Realität zu schreiben. Aber nichts ist so vernünftig, als dass es Professoren nicht diskreditieren könnten. Wenn nämlich die Wirklichkeit überhaupt nicht strukturiert wäre, wenn die Strukturierungen, die wir vornehmen, nur von uns stammten, dann könnte man an der Wirklichkeit gar nicht scheitern. Da man jedoch an der Wirklichkeit scheitern kann, spare ich mir weitere Details.

Aber ich weiß natürlich, dass Einwände hier nichts bewirken. Zentrale konstruktivistische Begriffe wie → Autopoiesis oder Selbstreferenz passen ausgezeichnet zur → Metaliteratur, und außerdem sagt ja → Derrida selbst, dass es außerhalb der Sprache nichts gebe. Und dann vgl. noch H. → White. Da gab es für viele Literaturwissenschaftler kein Halten mehr, die Meta-Literatur wurde zur Kunst par excellence erklärt, die Barriere zwischen Literatur und Literaturkritik (die man ja als Meta-Literatur sehen kann, weil sie 'über' Literatur geht) konnte fallen, die Sekundär-Professoren konnten sich als Primär-Schöngeister sehen usw. Wer Kritik an solcher Hochstapelei genauer und seriöser als hier angedeutet begründet haben möchte, sei verwiesen auf Ulf Dettmann (1999).

Kulturwissenschaften In den letzten Jahren haben die nachwachsenden Literaturwissenschaftler begonnen, ihr Fach durch Kulturwissenschaften zu ergänzen oder zu ersetzen. Das kommt einerseits den Wünschen ihrer (Lehramts-)Studenten entgegen, die nicht mehr Benn oder Baudelaire lesen, sondern lieber ins Kino gehen und mehr über Paris Hilton wissen als über John Milton. Andererseits kommen sie beim Wechsel von Literaturwissenschaft zu Kulturwissenschaft vom Regen in die Traufe, denn Kulturwissenschaft ist ja methodisch kein Fach, sondern ein interdisziplinäres Projekt. Wenn man fundierte Meinungen entwickeln will über *class*, *race*, *gender*, Identität und Ich, Kolonialismus und Postkolonialismus, Zeichen, Film und Fernsehen, Fragen des Kanons, und wenn man forschend lernen will über *representation*, *subaltern* oder karibische Lyrik, dann bräuchte man Kenntnisse in Geschichte (Archivarbeit!), in Soziologie und Psychologie (Statistik!), Biologie (Geschlecht!), Philosophie (Nachdenken!), Medienwissenschaften (Kameraführung!), Ethnologie und Anthropologie (Feldstudien!), Religionswissenschaften (Mythen) und natürlich die Kenntnis vieler Fremdsprachen. Gut, die Dozenten können das selbst auch nicht, die die Disziplin anführenden US-Amerikaner zum Beispiel können natürlich nur Englisch, und meine Studenten können nicht einmal Bücher des 19. Jahrhunderts in Frakturschrift lesen. Aber statt Forschung kann man ja

→ Theorie vom Sessel aus betreiben und lernen, starke politische Meinungen zu vielen Themenbereichen zu haben.

Allerdings gibt es gute Gründe anzunehmen, dass die Entwicklung dennoch unaufhaltsam ist. Eine Untersuchung des Allensbacher Instituts 2008 hat ergeben, dass die Generation der Unter-30jährigen nicht mehr liest – außer am PC – und keine Musik mehr hört – außer Pop, Rock und Schlager. Man könnte zwar einwenden, Kulturtechniken seien eben Leistungen und müssten von Schule und Universität gelehrt und abverlangt werden. Aber man kann eben auch sagen, dass ein fortschrittlicher Pädagoge die Kinder da „abholt", wo sie sind. Siehe auch bei → Rechtschreibung.

Lektüre Heißt nicht das, was man meinen könnte, sondern kommt von engl.-amerik. „a reading", was allerdings auch nicht das heißt, was man meinen könnte. Hieß früher „Interpretation", als die Literaturwissenschaftler noch an das Werk bzw. den Autor glaubten, ein Publikum hatten und ihre Analysen als 'Vermittlung' zwischen Werk und Publikum verstanden. „A Reading of Shakespeare's Comedies" heißt es, seit es kein außerfachliches Publikum mehr für die Veröffentlichungen der Literaturwissenschaftler gibt und diese daraus den Schluss gezogen haben, dass sie sowieso nur noch für sich selbst publizieren.

Um ein Beispiel zu geben, nutze ich den Katalog der Neuerscheinungen beim Fink-Verlag, welcher immer eine reichlich sprudelnde Quelle ist. R. W. Müller-Farguell (1995) hat ein Buch geschrieben, das so vorgestellt wird:

> Die hier vorgebrachten Lektüren situieren sich im methodischen Moment, wo hermeneutisches Verstehen notwendig in Dekonstruktion umschlagen muss.

Das glaube ich insofern glatt, als die Lektüre u. a. den „Signaturencharakter des Tanzes bei Heine sowie die fraktale Rhetorik der Tanzfiguren in Nietzsches Texten" erbricht, pardon: erbringt.

Die Theorie der Lektüre spiegelt auch schön die Ansicht postmoderner Literaten, dass ihre Werke keine Beziehung zur Außenwelt haben, sich vielmehr nur auf sich selbst beziehen; → Metaliteratur. So reflektiert der neue Terminus die Überzeugung, dass der Leser (= Professor) das Werk und seine Bedeutung überhaupt erst im Akt des Lesens erschafft; → subversiv. Das schafft freilich das Problem, dass Literaturwissenschaft damit zu einer „Wissenschaft ohne Gegenstand" wird, worüber W. M. Fues immerhin wiederum ein Buch schreiben konnte (1994).

Heute kann man sich auf die Theorie stützen, der Leser erschaffe sich ohnedies den Text. Ein Beispiel. Bekanntlich sagte Jesus, die Unauflöslichkeit der Ehe betreffend:

> Was nu Gott zusamen gefüget hat / das sol der Mensch nicht scheiden (Matthäus 19,6 in Luthers Übersetzung).

Daraus wurde dann die Hochzeitsformel „[...] bis dass der Tod euch scheidet". Da viele Leute das aber heute gerne leichter hätten, haben fortschrittliche Theologen überlegt, wie man dem Text eine zeitgemäße Bedeutung verschaffen könnte. (Der Wortlaut selbst kann nicht geändert werden.) Ein befreundeter Religionslehrer hat mich nun kürzlich darüber informiert, dass mit der Zeit gehende Theologen anregen, das Wort so zu verstehen: „bis dass der Tod *eurer Liebe* euch scheidet." Eine Ehe dauert so lange, wie sie dauert. – Ein klarer K.O.-Sieg des Lesers über den Autor!

Vielleicht ist dieser Sieg auch die Ursache der Inflation, welche die Bezeichnungen der Ehejubiläen erfasst hat. Gab es früher

- Silberhochzeit
- Goldene Hochzeit
- Diamantene Hochzeit
- Eiserne Hochzeit
- Gnadenhochzeit

so haben die Werbeabteilungen der entsprechenden Industrie in jüngerer Zeit eine Vielzahl weiterer Bezeichnungen eingeführt, die der Tatsache Rechnung tragen, dass es heute meist gar nicht mehr bis zur Silberhochzeit reicht:

- Baumwollene Hochzeit
  1. Hochzeitstag
- Hölzerne Hochzeit
  5. Hochzeitstag
- Zinnerne Hochzeit
  6. Hochzeitstag
- Kupferne Hochzeit
  7. Hochzeitstag
- Blecherne Hochzeit
  8. Hochzeitstag
- Rosenhochzeit
  10. Hochzeitstag
- Nickelhochzeit
  12. Hochzeitstag

- Petersilienhochzeit
  12 1/2. Hochzeitstag
- Veilchenhochzeit
  15. Hochzeitstag
- Porzellanhochzeit
  20. Hochzeitstag

Meta-Literatur Bezeichnung für literarische Werke – meist der Erzählliteratur –, die sich mit dem Schreiben, mit den Konventionen usw. von Literatur beschäftigen („Literatur über Literatur"). Im Extremfall stellt M.-L. ihre eigene Niederschrift dar, oder soll es jedenfalls, so wie die berühmte Zeichnung von Escher, in der sich zwei Hände gegenseitig zeichnen („erschaffen"). M.-L. gilt bei fortschrittlichen Theoretikern als Inbegriff → postmoderner Kultur und als Bestätigung für → konstruktivistische Erkenntnistheorien sowie als Sinnbild für → Autopoiesis.

Aber natürlich kann ein Text nicht wirklich seine eigene Niederschrift sein (→ Beckett, Samuel), genau so wie sich Eschers Hände ja auch nicht wirklich selbst zeichnen, sondern von Escher gezeichnet sind. Ein literarischer Text ist aber nicht nur kein Gott („causa sui"), sondern nicht einmal ein Lebewesen und kann insofern nicht einmal seine eigene Fortsetzung („Kind") erzeugen, kann nur so tun als ob und ist daher geradezu ein Gegenbeweis von → Autopoiesis. Auf diesem Feld ist von Literaturtheoretikern, die auch mal gerne Philosophen wären, in den letzten Jahren viel Pseudotiefsinn verzapft worden.

mise en abîme So nannten die französischen Symbolisten das Verfahren, das wir Deutschen wohl am besten von der Schinkenhäger-Reklame her kennen. (Auf der Flasche in dem Reklamebild befindet sich ein Etikett, das eine Flasche zeigt mit einem Etikett, das ...) Tatsächlich ist die Sache ein alter Hut. So gab es im Mittelalter Wappen, die im sogenannten „Herzstück" das Wappen im kleineren Maßstab wiederholten bzw. einschlossen. Während robuste Haudegen auf einen Löwen im Schild setzten, um den Gegner zu erschrecken, kalkulierten die intellektuelleren Ritter mit dem paradoxen Herzstück, dass der Gegner beim Blick in diesen Abgrund („abîme") ins Grübeln kam und es ihm schwindelte ...

In den letzten Jahren jedoch hat der Reiz des *m. e. a.* unter einer an 1923 gemahnenden Inflation gelitten. Das erklärt sich so. – Die *m. e. a.* ist zweifellos eine schöne Metonymie („pars pro toto") für den *regressus in infinitum*. Der infinite Regress wiederum soll aber Signum sein für die postmoderne These von der Unmöglichkeit eines archimedischen Punktes in den menschlichen Bemühungen um Letztbegründung, sei es in der Erkenntnistheorie, im Recht oder in der Moral. Ohne archimedischen Punkt aber haben wir absolute Relativität, mit einem archimedischen Punkt hingegen hätten wir relative Absolutheit. Descartes hatte am Anfang der Neuzeit genau nach einem solchen archimedischen Punkt gesucht und ihn in seinem *cogito ergo sum* zu finden geglaubt. Samuel → Becketts Gestalten jedoch fühlen sich, je mehr sie Selbst-Reflexion betreiben,

> Wie Wasser von Klippe
> Zu Klippe geworfen,
> Jahr lang ins Ungewisse hinab.

Beckett zitierte Hölderlin übrigens selbst und fand für sein Gefühl des Schwindels am Abgrund das Symbol der *m. e. a.*, das seine Werke durchzieht.

In diesem Sinne wird die *m. e. a.* in neuerer Zeit gern und viel als Bestätigung der These herangezogen, dass es keine Erkenntnis der Außenwelt gibt, sondern nur solipsistische (→ konstruktivistische) Beschäftigung des Hirns mit sich selbst, der Sprache mit sich selbst. Tatsächlich feiert in der *m. e. a.* die bloße Struktur Triumphe, so wie der Spiegel bei den Realisten als Symbol diente für ihre Überzeugung, die Welt in ihren Romanen und Dramen objektiv abzubilden. Alle sind sich heute einig, dass das Spiegel-Symbol den konstruktiven Anteil unserer Sinne, unserer Sprache, ganz allgemein unserer Vorannahmen und Interessen im Erkenntnisprozess unterschlägt, ebenso wie den Eigenwelt-Charakter des Kunstwerks. Aber muss es denn immer gleich das Gegenteil sein? Vielleicht sollte man einmal den Mittelweg ausprobieren, auch wenn er weniger aufsehenerregend ist. Wie wäre es nach Spiegel und *m. e. a.* mit einem neuen Leitsymbol?

Nietzsche, Friedrich Wilhelm Philosophischer Gewährsmann der Poststrukturalisten und Dekonstruktivisten, weil er die metaphysischen Grundlagen des abendländischen Denkens unterminiert hat. So hat er zum Beispiel das Konzept der Kausalität „dekonstruiert", die Perspektivität aller Erkenntnis aufgezeigt und die These vertreten, dass die Sprache essentiell – und nicht nur hier und da – metaphorisch sei. Demnach bildet die Sprache die Wirklichkeit also nicht ab und eröffnet keinen Zugang zur → Wahrheit (Wirklichkeit).

Nur gut, dass der Bund der Steuerzahler Nietzsche und die Dekonstruktivisten nicht liest, sonst könnten dort Gedanken an Einsparungen bei den Universitäten aufkommen. War etwa die Sache mit der „deutschen Physik" in den dreißiger Jahren doch nicht ganz falsch? Oder man denke an unser Justizwesen. Harold Bloom sagt bekanntlich, jede Deutung („reading") sei eine Missdeutung („misreading"). Was wäre, wenn Bloom nach einem Autounfall vor Gericht zöge, um sein Recht (wie er es sieht) zu bekommen, und dann hören müsste, dass die neueste Kriminalistik zu dem Ergebnis gekommen sei, jedes Urteil sei ein Fehlurteil und daher habe man die Spurensicherung längst eingespart, auch Zeugenvernehmungen und Gutachtertätigkeit?

Önologie Wichtige Hilfswissenschaft der Literaturwissenschaft, etwa bei der Analyse von Zuckmayers *Fröhlichem Weinberg* oder Hölderlins *Brot und Wein* sowie bei der Klärung biographischer Fragen wie der nach Goethes täglicher Flasche. In diesem Zusammenhang ist die fünfte Lieferung (von insgesamt sechs) des *Wortatlas der kontinentalgermanischen Winzerterminologie (WKW)*, ed. W. Kleiber (1994 bei Niemeyer), mit 226 Seiten Einleitung, 1000 Seiten Kommentar und 135 Karten zu vermelden. Wegen der Alkoholiker unter den Lesern – sie schaffen ja die → Bedeutung des Textes – wird das Werk übrigens „nur geschlossen" abgegeben.

Paradigma Kenner betonen *Parádigma*, wenn sie „Beispiel" meinen, und *Paradígma*, wenn sie „Paradigma" meinen. Mit dem Begriff *P.* („Muster", „Modell") bezeichnete der Wissenschaftshistoriker Thomas S. Kuhn (*The Structure of Scientific Revolutions*, 1962) ein epochales Theoriegebäude, in dessen Rahmen die Wissenschaftler arbeiten, also beispielsweise das geozentrische Weltbild mit all seinem Beiwerk wie etwa Kristallsphären, Sphärenharmonie usw.

Heute wird Kuhns Begriff für jede Neuigkeit, die etwas auf sich hält, gebraucht. Manche Forscher in den Geisteswissenschaften arbeiten überhaupt nur noch in Paradigmen. Der Verbrauch vor allem an Epochenbezeichnungen in den Sozialwissenschaften ist enorm gestiegen. Die Klassengesellschaft, die Arbeitsgesellschaft, die Industriegesellschaft, die Informationsgesellschaft, die Dienstleistungsgesellschaft, die Risikogesellschaft, die Erlebnisgesellschaft, die postindustrielle Gesellschaft und manche mehr haben sich im Jahresabstand abgelöst. Oder jedenfalls die Bücher. Das ist der

jedenfalls die Bücher. Das ist der Sieg der Idee der permanenten Revolution, wenn schon nicht in der Gesellschaft, dann doch wenigstens in den Gesellschaftswissenschaften.

Auch in der Literaturwissenschaft habe ich seit meinen Anfängen schon viele Paradigmenwechsel erlebt. Die Frage ist: Haben wir so viel mehr Newtons und Kants unter uns als früher oder sind die Paradigmen kleiner geworden als sie einmal waren?

Philosophie lite Bei aller Kritik muss auch einmal gesagt werden, dass es heutzutage nicht leicht ist, Literaturwissenschaftler zu sein. Man muss, wenn man mitreden will, über das Andere und das Fremde schreiben, über Subjekt und Substanz, Maskulinität und Heisenbergs Unbestimmtheitsrelation, Ökologie und Mythos. Und manches mehr.

political correctness Kulturpolitischer Begriff aus den USA zur Förderung des Multikulturalismus, genauer: zur Beseitigung der sprachlichen Unterdrückung von Minderheiten. Das Wort und seine Abkürzung „p. c." klingen, als wären sie von ihren Gegnern erfunden worden, was aber nicht stimmt. Insofern nicht mit „P. C." für *police constable* verwechseln!

Die Sache hat auch für diejenigen Bedeutung, die Literaturwissenschaft als Sozialarbeit betreiben. Wer würde heute noch einen Terminus wie „schwarzer Humor" zu erfinden wagen? Wussten Sie, dass die Bücher der „Abenteuer"-Serie von Enid Blyton umgeschrieben werden müssen? (Wegen der ängstlichen Lucy, einem bösen Neger u. ä.) Und haben Sie schon einmal darüber nachgedacht, was ein Moslem empfindet, wenn er Monat für Monat lesen muss, wie der große böse Wolf Schweinchen Schlau und seine Brüder fressen will? Übrigens heißt Enid Blytons „PC Plod" in den neuen US-Ausgaben deshalb neuerdings „Officer Plod".

Auch die gedankenlos erfundenen Titel älterer literarischer Werke müssen vielfach erneuert werden, da diskriminierende Ausdrücke wie *alt* oder weite Teile der Bevölkerung ausschließende Termini wie *Mann* den heutigen Anforderungen nicht mehr genügen. Hinsichtlich des Kurzromans, für den der alte Macho Hemingway 1954 den Nobelpreis bekam, schlagen die Satiriker Henry Beard und Christopher Cerf (1993) beispielsweise vor: „The Senior Citizen and the Sea".

postmodern Modern nennen die Literaturwissenschaftler seit längerem jene literarische Bewegung, die im englischen Sprachraum von Autoren wie Pound, Eliot, Joyce oder Woolf verkörpert wird. Da *modern* auf englisch aber auch „neuzeitlich" heißt, also die Epoche seit der Renaissance oder spätestens seit der Französischen Revolution bezeichnet, geht es bei unseren avanciertesten Literaturwissenschaftlerphilosophen und der Frage, was modern und was vielleicht schon → postmodern ist, drunter und drüber. Gilt es die Modernisten hinter sich zu lassen oder Descartes zu überwinden?

Manche nehmen *Postmoderne* als Oberbegriff für *Poststrukturalismus, Neo-Marxismus, Neo-Pragmatismus* und *Feminismus*; hier aber wird unterschieden in *postmodern* für eine Kunstrichtung und *poststrukturalistisch* für eine Denkrichtung.

Professoren haben sich – nach der Studie von Enders und Teichler (1995) – der Unterscheidung des „Wahren" vom „Falschen" verschrieben. Für einen Kulturwissenschaftler auf der Höhe der Zeit klingt das ein bisschen rührend, denn bekanntlich haben neuere Forschungen fortschrittlicher Professoren und Professorinnen ergeben, dass es → Wahr-

dass es → Wahrheit gar nicht gibt, dass schon das Unterscheiden und Differenzieren, wie überhaupt diese unseligen binären Oppositionen wie „wahr/falsch" der Anfang allen logozentrischen Übels waren und nur zu Phallokratie geführt haben.

Trotzdem widmen die deutschen Professoren im Jahresdurchschnitt 37 % ihrer Arbeitszeit der Forschung. Natürlich fragt sich der Steuerzahler, was sie da tun, ohne Wahrheit, gefangen im Gefängnis ihrer Sinnesorgane und ihrer Sprache. Jedenfalls sind sie selbst zu 58 % mit ihrer Forschertätigkeit zufrieden. Allerdings haben sie erkannt, dass die gesellschaftliche Akzeptanz ihres Tuns Jahr für Jahr sinkt. Ob es da Korrelationen gibt?

Rechtschreibung Dass Schüler und Studenten in Rechtschreibung oft schwach sind, hängt u. a. natürlich mit dem bildungspolitischen Klima der letzten Jahrzehnte zusammen. Um ein Beispiel zu geben: Im Oktober 1973 gab es einen von der Gewerkschaft Erziehung und Wissenschaft (GEW) organisierten Kongress zur Reform der Rechtschreibung. Nach Ansicht der auf dem Kongress referierenden Sprachwissenschaftler führt die herkömmliche Rechtschreibung zur „benachteiligung der ohnedies benachteiligten kinder von arbeitern" und dient nur der „frühzeitigen und langanhaltenden disziplinierung". Die „reaktionäre großschreibung und die übrigen fehlerquellen" sollten deshalb abgeschafft werden. Der Effekt war aber nur, dass sich Kinder aus bildungsfernen Familien in der Schule die notwendigen Kenntnisse und Techniken nicht aneignen können, weil auf sie dort wenig Wert gelegt wird. Die Kinder aus bürgerlichen Familien hingegen lernen Rechtschreibung und ähnliche Kulturtechniken zur Not per Nachhilfe oder im Elternhaus.

Regietheater Der deutsche Beitrag zum Kulturkampf darüber, wer das Sagen hat: der Autor oder der Rezipient, hier: der Dramatiker oder der Regisseur? Wer bestimmt die → Bedeutung von Texten, im weiteren Sinn von kulturellen Artefakten: die Intention des Autors oder die → Lektüre des Rezipienten (→ Rezeption)?

Bis vor kurzem galt in diesem Kampf wenigstens der Wortlaut der Dramentexte als unantastbar (abgesehen von Kürzungen). Er musste wohl oder übel beibehalten werden, da das Abonnement-Publikum zumindest Kleist hören wollte, wenn es schon Neuenfels sehen musste. Den jungen Regisseuren reicht das nun nicht mehr. Das ist insofern konsequent, als das heutige Publikum Kleist nicht mehr so genau kennt und auch hier natürlich Murphys Gesetz gilt, nach dem alles, was überhaupt schief laufen kann, irgendwann einmal wirklich schief läuft. Also gestatten sich Regisseure inzwischen auch Veränderungen des Textes und Zusätze zum Text, wenn denn sonst ihre 'Lektüre' nicht deutlich genug legitimiert erscheint. Hochhuts *Wessies in Weimar* zum Beispiel begann in einer Aufführung mit einem zwanzigminütigen Vortext des Regisseurs.

Dass deutschsprachige Länder hier besonders fortschrittlich sind, liegt am Subventionssystem. Bei den stärker am Markt – also am Publikumsgeschmack – orientierten Theatern in den englischsprachigen Ländern lässt sich das nicht machen. Schauen sich englische Dramatiker ihre deutschen Aufführungen an, sind sie oft verblüfft, so vor Jahren Ronald Harwood und Harold Pinter. Als dieser seinem Regisseur eigene Textzusätze untersagte, wollte der aber nicht von seinem Einfall lassen und verbreitete seine Verbesserungen per Handzettel ans Publikum.

Relativismus, kultureller Letzthin sprach ich mit einer Theologie-Assistentin über die Einstellung der Kirche zur Mission heute. Natürlich lehnte sie alle Missionstätigkeit ab, weil jeder das Recht auf seine kulturellen Überzeugungen habe. Einerseits fand ich das sympathisch. Ich dachte an Religionskriege und die lästigen Mormonen an der Haustür. Andererseits. Ich fragte sie, warum *sie* denn an etwas glaube, von dem sie niemandem zumuten wolle, daran zu glauben.

Rhetorik, die Die seit der Romantik ein wenig in Misskredit geratene Rhetorik hat in den letzten Jahren eine beachtliche Renaissance erlebt. Die Literaturwissenschaftler der brandenburgischen Universität Viadrina sehen in der Pflege gerade dieser Disziplin ihre Chance und begründen das so:

> Die in der rhetorischen Verfasstheit von Institutionen, sprachlichen und juristischen Akten, implizierte Dekonstruktion des kulturell Tradierten exponiert und thematisiert das Funktionieren des kulturell Manifesten, sein substantielles Auftreten als Kultur.

Studenten aller Länder, auf nach Frankfurt! Oder?

Schlechtschreibe-Wettbewerb Die neuseeländische Zeitschrift *Philosophy and Literature* hat vor einiger Zeit zum ersten Mal die Preise in dem von ihr gestifteten „Bad Writing Contest" vergeben. Unter den zahlreichen Einsendungen (nicht von den Verfassern selbst eingeschickt!) waren viele eindrucksvolle, aber schließlich machten die Beiträge zweier amerikanischer Anglistik-Professoren das Rennen. Gibt es nicht auch im deutschsprachigen Raum preiswürdige Arbeiten? Welcher Verlag, welche Akademie könnte die Ausrichtung übernehmen?

Sokal, Alan Amerikanischer theoretischer Physiker, der – wie weithin bekannt wurde – einen Skandal in den Kulturwissenschaften herbeizuführen suchte. Er schickte einen Aufsatz an eine der führenden poststrukturalistischen kulturwissenschaftlichen Zeitschriften, *Social Text*, in dem er behauptete, dass auch aus der Sicht neuerer Entwicklungen in Mathematik und Physik alle traditionellen Überzeugungen von → Wahrheit und Objektivität über Bord geworfen werden müssten, wie das fortschrittliche Kulturtheoretiker ja schon seit längerem sagen. In Wahrheit (!) gebe es

Wahrheit nicht; vielmehr sei alle Erkenntnis relativ und von der Perspektive des Betrachters abhängig.

Kaum hatte die Zeitschrift diese willkommene Hilfestellung aus dem gegnerischen Lager der bekanntlich ja immer noch standhaft objektivistischen Naturwissenschaften 1996 abgedruckt, da offenbarte Sokal sich als Satiriker und seinen Aufsatz als Blödsinn. Darauf brach in den USA ein Sturm von *panel discussions*, Zeitungskommentaren und Leserbriefen los, der bald auch die Spalten des Londoner *Times Literary Supplement* und Anfang 1997 sogar Deutschland (*Die Zeit* und den *Merkur*) erreichte. Das alles hat viel Freude bereitet, wobei folgendes, wie ich fand, am interessantesten war.

Die Traditionalisten glaubten, sie hätten einen K.O.-Sieg errungen, sowohl wegen der inneren Widersprüche der poststrukturalistischen Position als auch wegen der offenkundigen sachlich-argumentativen Inkompetenz ihrer Vertreter. Dabei vertrauten sie auf die Kraft ihrer logischen und sachlichen Argumente. Aber die Poststrukturalisten taten ihnen nicht den Gefallen, das Spiel nach diesen Regeln zu spielen. Nach einem Moment des Schreckens gingen sie in die Offensive und akzeptierten Argumente einfach nicht! Sie redeten über alles, nur nicht über die Sache selbst. Das war klug und zudem logisch, denn genau das hatten sie ja immer schon gesagt: dass es keine objektiven logisch-sachlichen Argumente gibt, sondern dass es immer auf die Perspektive ankommt. Und wenn das ein zirkelhaftes Verhalten ist, bitte sehr, das muss so sein, das ist ja gerade ein Beispiel für den → hermeneutischen Zirkel. Außerdem ist auch die rationalistische Position zirkulär: Wer rational argumentiert, der tut das eben, weil er auf die Ratio baut. Also kommt es bloß darauf an, wer sich als mächtiger erweist: derjenige, welcher auf Argumente vertraut, oder derjenige, welcher auf Macht vertraut.

Und wenn nun ein Traditionalist auf die Idee käme, über solche Fragen zu räsonieren, so könnte ihm der Poststrukturalist vorhalten, ob das nach den Spielregeln der einen oder der anderen Seite geschehen solle. Damit steckt der Traditionalist in einem infiniten Regress, und genau das hatte der Poststrukturalist ja immer gesagt, wenn er betonte, dass es keinen archimedischen Punkt gibt und daher keine Wahrheit usw.

Jetzt höre ich wieder den Bund der Steuerzahler fragen, warum man dann die Universitäten subventionieren solle. Die klare

Antwort heißt: Ohne staatliche Alimentierung wäre es unmöglich, auf so hohem Niveau aneinander vorbei zu reden, und das noch theoretisch begründet!

Stil Is jezz ein bisken her, da haben die doch glatt gedacht, mit unser Sprache zu unser Welt, issich dat so am verhalten wie mit ein Hut und ein Kopp. Der Hut passt sich an, sonst is Essig. Nu isses aber doch so, dat wa alle wissen, dat unser Sprache nich nur die Basis is, sondern es is dat selbst. Wennde dat realisiert has, dann kommste auch dahinter, dat den Literaturprofessors es schon ganz richtig am machen sind. Wat se schreiben, dat isses. Die denken den Realität.

Mit ein Eintrag *Stil* isses dann eigentlich nix. Weil, wofür tustte noch Stil brauchen, wenn dat, watte sagst, eh den Wirklichkeit iss, mit Stil oder ohne!?

subversiv Die fortschrittlicheren unter den Literaturtheoretikern wissen, dass die Bedeutung literarischer Werke nicht in der Intention des Autors liegt, sondern von ihnen in der → Lektüre erschaffen wird. Ja, es zeigt sich, dass die Bedeutung eines Werkes gerade *nicht* die ist, die der Autor meinte. Was der Autor zu meinen meinte, meinte er gerade nicht, wie der Professor zu wissen weiß. Da die Theoretiker radikal sind – sie selbst sagen es –, ist natürlich auch ihre Lektüre radikal. Folglich sind die Werke radikal. Oder zumindest subversiv. Das kommt so: Wenn die Autoren fortschrittlich waren, sind ihre Werke radikal; wenn die Autoren konservativ waren, sind ihre Werke subversiv (weil die Lektüre der radikalen Kritiker radikal ist).

Auf diese Weise und wegen des Credos „publish or perish" sammelt sich seit Jahren – wenn auch von der Öffentlichkeit weitgehend unbemerkt – eine Fülle von „Theorie" in unseren Universitätsbibliotheken an. Damit diese Theorie-Masse nicht eines Tages „kritisch" wird, haben die Bibliothekare – konservativ, wie diese natürlichen Feinde der Bücherschreiber nun einmal sind – ein System der Lagerung entwickelt, das den Sprengstoff entsorgt. Zunächst werden die Bücher und Zeitschriften in den offenen Regalen der Präsenzbibliotheken zwischengelagert, und dann, nach einer gewissen Anstandsfrist, in den dem Publikum unzugänglichen Magazinen endgelagert. Angesichts des Wachstums der Bestände könnte das Ganze eines Tages implodieren, das heißt, die UBs stürzten in sich zusammen. Das träfe dann immerhin subversiv ein paar

Feinde, nämlich Bibliothekare beim Endlagern.

Theorie Mag die Physik auch die *stärksten* Theorien haben, so hat die Literaturwissenschaft doch die *meisten*. Während in der Physik der Ausgangspunkt die *Probleme* sind, zu denen man dann Theorien entwirft, sind in den neueren Kulturwissenschaften die *Theorien* der Ausgangspunkt. Und wer nicht ignoriert werden will, beschäftigt sich mit Theorie(n), nicht mit Problemen.

Auch haben die neuen Begriffsysteme und Theoriegebäude ihre Bedeutung vor allem im Machtkampf der Generationen, Geschlechter und Kollegen. So wie die klugen Germanistik-Studenten um 1970 ihren Professor alt aussehen lassen konnten, wenn sie im Expressionismus-Seminar Sohn-Rethel oder Bateson zitierten, so macht man das heute mit Kristeva oder Said. Es sei denn, es ist umgekehrt, dass nämlich heute die Professoren die Studenten – es heißt übrigens jetzt: die Studierenden – alt aussehen lassen, wenn sie Butler oder Bhabha zitieren.

Aufgrund der Theoriezentriertheit in der Literaturwissenschaft kann man neuerdings

Sätze hören wie diesen: „Wie hoch veranschlagen Sie die Bedeutung der Theorie für Ihr Fach in den letzten Jahren?" Eine Frage, die ein Physiker gar nicht verstehen würde.

Vor allem im Bereich der Erkenntnistheorie darf man als Kulturwissenschaftler(in) heutzutage nicht naiv erscheinen. Für die meisten Kongresse und Publikationen reicht jedoch ein Schnellkurs, um die wichtigsten Positionen auseinanderhalten zu können, nämlich *Realismus*, *hypothetischen Realismus* und *Konstruktivismus*, *Essentialismus*, *Logozentrismus* usw.

Auf einem Fortbildungslehrgang unterhalten sich drei Fußball-Schiedsrichter über die Theorie ihres Tuns.

Der Älteste sagt: „Wenn ein Spieler ein Foul begeht, pfeife ich."
Der zweite sagt: „Wenn ich ein Foul sehe, pfeife ich."
Der Jüngste sagt: „Wenn ich pfeife, dann ist es ein Foul."

TIMSS Unter diesem Kürzel - für *Third International Mathematics and Science Study* - wurden vor einiger Zeit die Ergebnisse einer weltweiten Umfrage vorgelegt, in der 13jährige Schüler und Schülerinnen in 41 Ländern auf ihre Fertigkeiten in der Mathematik und den Naturwissenschaften befragt worden waren. Typische Frage:

> Eine Schulklasse mit 28 Kindern besteht aus Mädchen und Jungen im Verhältnis von 4:3. Wie viele Mädchen sind in der Klasse?

> (Für ältere Semester hier die Lösung: 4/7 von 28 ist gleich 16.)

Die Resultate für Deutschland waren mittelmäßig, aber für England und die USA noch beschämender. Die ersten Plätze belegten Singapur, Süd-Korea, Japan und Tschechien. In Deutschland wurde vor allem darüber gestritten, welche Bundesländer besonders schlecht und welche besser abgeschnitten haben oder hätten und warum diese Differenzierung nach Bundesländern geheim gehalten wurde.

Auch nicht uninteressant ist folgendes. Die Studie zeigte, dass es für den Erfolg der Länder ziemlich irrelevant war, wie viel Geld sie pro Schüler ausgaben. Auch spielte es keine Rolle, ob für die Fächer (etwas) mehr Zeit auf dem Lehrplan zur Verfügung stand oder (etwas) weniger. Aber es gab eine eindeutige Korrelation zwischen dem Lernerfolg der Schüler und der Lehrmethode der Lehrer. Der Unterricht in der ganzen Klasse unter Aufsicht des Lehrers erbrachte deutlich bessere Leistungen als Kleingruppenunterricht, bei dem der Lehrer von Gruppe zu Gruppe eilt. Das Insistieren auf grundlegenden Fertigkeiten war erfolgreicher als die Mengenlehre. Der Verzicht auf Taschenrechner zahlte sich aus, Kopfrechnen nützte. Standardisierte und erprobte Lehrbücher waren besser als reformorientierte.

Was sagt uns das über die Universitätsdidaktik? – Richtig! Die linke Bildungspolitik und Sozialarbeiterpädagogik senkten über Jahrzehnte die Anforderungen an die Schüler und nahm den Lehrern die meisten Sanktionsmöglichkeiten für Schwänzen, Faulenzen und Stören. War die Schule früher angsteinflößend, autoritär und von Paukerei und Drill gekennzeichnet, so schien wieder einmal das Heil im Gegenteil des Falschen zu bestehen. Tatsächlich wurden durch die gesenkten Anforderungen aber nicht nur mehr Schüler zum Abitur gebracht, sondern die Kinder aus bildungsfernen Elternhäusern gleichzeitig um ihre Chance gebracht, in der Schule zu den privilegierten Bürgerkindern aufzuschließen, und zwar sowohl in der Leistung als auch im Sozialverhalten. Wieder und nach wie vor kommt es darauf an, welches Angebot das Kind *außerhalb* der Schule erhält, von der Klavierstunde bis zur Nachhilfe und der Bibliothek der Eltern. Siehe auch bei → Rechtschreibung

Als Ersatz für diese Mängel ist ein Internetanschluss für jede Schule vorgesehen und der Unterricht von Englisch in der Primarstufe (damit die türkischen und russischen Kinder – oft 50 % der Grundschüler – weniger schnell und gut Deutsch lernen, was egal ist, denn für Deutsch gibt es ja keine TIMSS!).

Titel (Buch-) In bestimmten Langweiler-Wissenschaften klingen die Titel der Veröffentlichungen immer ungefähr gleich, egal wann sie geschrieben wurden. Nicht so in den Kulturwissenschaften. Ging es früher um Existenz, das Nichts und Kommunikation, und noch früher um den deutschen Wald oder rassische Grundlagen (etwa des Sturm und Drang), so müssen es heute Worte sein wie *Differenz*, *Alterität*, *Desire* und *Body*, auch Klammer-Ausdrücke wie *(T)Räume* oder Chiasmen wie *Macht der Gewohnheit/Gewohnheit der Macht*. Wer zeigen will, dass er kein Naivling ist, der an Essenzen glaubt, muss Begriffe wie *Frau*, *Geschlecht* oder *Identität* unbedingt durch

„Die Konstruktion von ..." ergänzen; noch kühner ist „Die Erfindung von ...". Man hört allerdings, dass Titel von der Art

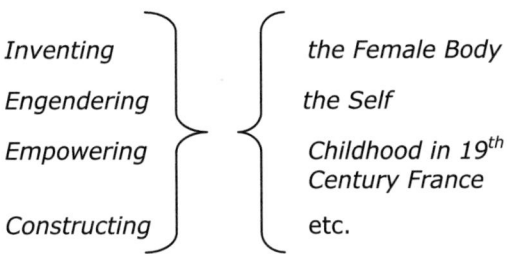

Inventing — *the Female Body*

Engendering — *the Self*

Empowering — *Childhood in 19th Century France*

Constructing — *etc.*

in Yale demnächst verboten werden sollen.

Wahrheit Die Wahrheit ist das edelste Wild, das die Poststrukturalisten zur Strecke zu bringen hoffen: Alles sei sozial konstruiert und daher relativ, zeit- und ortsgebunden, sagen sie. Und weil auch daran natürlich einiges richtig und die Sache schwierig ist, hat die Religion als Komplementär-Unternehmung zu Wissenschaft und Rationalität den gordischen Knoten einfach durchhauen, indem sie die Wahrheit personalisierte. „Ich bin der Weg und die Wahrheit und das Leben," sagt Jesus laut Johannes 14,6. Als der Skeptiker Pontius Pilatus die bekannte Frage tat: „quid est veritas?", da ahnte er nicht die Antwort, die doch –

jedenfalls auf lateinisch – in seiner Frage enthalten war: „vir qui adest", eben genau der Mann, der vor ihm stand.

Auch per petitionem principii kann man die Problematik lösen; vgl. Joseph Seiferts *Gott als Gottesbeweis: Eine phänomenologische Neubegründung des ontologischen Gottesbeweises* (1995). Der Preis für die Lösung ist halt nur die Logik.

Neuere Versuche, etwa von Tarski (1935), sind für Kulturwissenschaftler zu schwer; so hat sich die Meinung durchgesetzt: „Es gibt keine Wahrheit," (Watzlawick 1994, aber auch Rorty hat es oft gesagt, z.B. 1994, und eigentlich alle Poststrukturalisten). Jörn Rüsen, der Geschichtstheoretiker, schrieb (1983): „Geschichten sind wahr, wenn diejenigen sie glauben, an die sie adressiert sind." Aber da stellt sich die Frage, ob nicht auch die Leser von Erich von Däniken glauben, was er erzählt, und das sind wahrscheinlich sogar mehr als die Leser von Rüsen, die ihm glauben, was er schreibt. Und was ist, wenn sie Rüsen *nicht* glauben?

Nun aber wieder im Ernst und zur These der Poststrukturalisten, dass alles – Fakten, Ereignisse, Gegenstände, Theorien – sozial konstruiert ist. Nun ist klar, dass in der Tat vieles sozial konstruiert ist, vom Geld bis zur Ehe, von unseren Vorstellungen über Krankheiten bis zu denen über Geschlechterrollen. Auf diesem Gebiet sind in den letzten Jahren viele bedenkenswerte und auch ausgezeichnete Studien erschienen. Aber wie schon vorher einmal zu sagen war: Es gibt nichts, was nicht von geltungssüchtigen oder politisch motivierten Intellektuellen durch Extremismus und Radikalismus ad absurdum geführt würde, und die meisten Literaturwissenschaftler – philosophisch ungeschult – springen auf den Zug der Pop-Philosophie auf. Nicht nur wird behauptet, auch naturwissenschaftliche Objekte seien durch die Instrumente oder Theorien konstruiert, sondern überhaupt Rationalität und wissenschaftliches Denken, nicht nur der (soziale) Kontext des Forschens, sondern auch der Kontext der Rechtfertigung von Aussagen. Aber offensichtlich darf man eine derart relativistische Position nicht auf sich selbst anwenden. Insofern ist die Erweiterung der Einsicht, dass es viele sozial konstruierte Meinungen und Theorien gibt, zu einer allgemeinen Erkenntnistheorie abwegig.

Abgesehen davon ist sie auch selbstzerstörerisch, weil sie, wenn sie an den Universitäten siegte, mit der bekämpften Wissenschaft sich selbst in den Abgrund risse: Wozu Forschungsgelder und Professuren, wenn alle Ergebnisse unwahr wären? Insofern ist die Kategorie *Wahrheit* auch *nützlich*. Ohne sie gibt es nämlich keine *Wahrhaftigkeit*. Wissenschaft ohne Wahrhaftigkeit ist aber wie Wirtschaft ohne reelle Preise. Wenn alle Preise – wie in der Planwirtschaft – irreal sind, politisch gewollt subventioniert oder verteuert, dann weiß man bald nicht mehr, wie hoch die reellen Preise sind. Bald weiß man sogar nicht mehr, wie hoch die *Subventionen* sind und das System bricht zusammen.

Aber bis dahin kann man ja seiner Sozialarbeiter-Subventionsmentalität freien Lauf lassen. Als Neuerung brauchen, um ein Beispiel aus dem Schulwesen zu nennen, Schüler in Nordrhein-Westfalen bei bestimmten Fragen seit kurzem nicht mehr die richtige Antwort zu wissen, sondern können raten und bekommen die volle Punktzahl, wenn die korrekte Antwort dabei ist. Wenn beispielsweise nach der US-amerikanischen Hauptstadt gefragt würde, so könnte man antworten: New York, Hollywood, Washington, London, Buxtehude und bekäme die volle Punktzahl.

Das mindert zwar den Druck auf die Schüler, scheint mir jedoch noch nicht ausgereift. Bei dem neuen Verfahren bleibt ein Rest Traditionalismus übrig, denn die Lehrer und Korrektoren müssen offensichtlich die richtige Antwort kennen. Warum eigentlich? Wenn die Schüler nicht zwischen wahr und falsch unterscheiden können müssen, dann sollte man die althergebrachten Wahrheitswerte *wahr* und *falsch* lieber ganz aufgeben. Dann wäre alles gleich gültig, also egal, und die deutschen PISA-Ergebnisse würden deutlich besser. Auch würde es besser zum Stil des Bildungsbeauftragten der UNO passen, der kürzlich das deutsche Bildungssystem kritisierte, obwohl er kaum Deutsch kann und nur eine Woche lang Deutschland bereiste. Vielleicht könnten wir mit dem Abschaffen von Kompetenz bei uns das Wohlwollen eines Inkompetenten erlangen?

White, Hayden Amerikanischer Geschichtstheoretiker, der die poststrukturalistische These ausgearbeitet hat, es gebe keine historischen Tatsachen oder Wahrheiten, vielmehr konstruiere der Historiker die Geschichte im Erzählvorgang, ganz wie der Romancier seine fiktionale Welt im Schreiben erschaffe. Dies wird dadurch begründet, dass der Geschichtsschreiber ein

Vorverständnis seiner zu schreibenden Geschichte habe und haben müsse, um aus dem Quellenmaterial und der bisherigen Forschung auswählen, Akzente setzen und dem Ganzen Sinn geben zu können; überdies verwende auch der scheinbar objektive Historiograph rhetorische Mittel, Bilder und Metaphern, ganz wie der Dichter.

Nun machen aber nicht rhetorische Mittel wie Ironie, Ellipse, Metonymie oder Chiasmus einen Roman zu einem Roman, sondern seine Fiktionalität. Die Historiker arbeiten weiter wie bisher, aber viele Literaturwissenschaftler finden den Gedanken attraktiv, denn er macht ihre immer um Anerkennung ringende Disziplin zur Leitwissenschaft aller Geisteswissenschaft. Mehr noch. Wenn es stimmt, dass Versprachlichung immer schon Fiktionalisierung bedeutet, dann ist Soziologie, Psychologie, Biographik, Geographie, ja überhaupt alle Verständigung über die Welt zugleich Literatur und Literaturwissenschaft.

An Whites Thesen ist einiges neu, anderes wahr, nur ist das Neue nicht wahr und das Wahre nicht neu.

Das wiederum kommt mir bekannt vor. Ob mein Bonmot zwar wahr ist, aber nicht neu?

Wilde, Oscar Noch ein Gewährsmann der poststrukturalistischen Nihilisten, Relativisten und → Dekonstruktivisten, wie → Nietzsche. W. begann mit hochmoralischen anti-viktorianischen, das heißt: viktorianischen, Werken und endete mit antimoralischen unviktorianischen Werken.

Nachdem er seine Homosexualität entdeckt hatte, aber verbergen musste, lebte W. ein Doppelleben: Außen und Innen, Maske und Gesicht waren ihm Gegensätze, und so ist es auch in den Werken dieser Phase, zum Beispiel in dem Roman *The Picture of Dorian Gray*. Dann entschloss er sich, sein Doppelleben zu vereinheitlichen, aber nicht als Identität von Selbstbild und Fremdbild, sondern indem er das Kind mit dem Bad ausschüttete und die Differenzierung von Innen und Außen, von Selbst und Fremd leugnete, überhaupt das Differenzieren entdifferenzierte. Maske und Gesicht wurden ihm gleichgültig. Die Komödie *The Importance of Being Earnest* ist der sehr geistreiche künstlerische Ausdruck dieser biographischen und intellektuellen Entwicklung. Die Personen haben keine Substanz, sind ganz Oberfläche, ja der Begriff der Oberfläche, da er kein Pendant mehr hat, wird sinnlos. Wahrhaftigkeit und Lüge und dann sogar die Wahrheitswerte *wahr* und *falsch* sind indifferent.

Das ist alles sehr gescheit und überdies immer wieder einmal ein nötiges Gegengift gegen das Gift eines selbstgerechten *common sense*. Aber heute ist aus Wildes Paradoxie bei vielen eine neue Orthodoxie geworden, die Orthodoxie der Gleichgültigkeit aller Werte, Normen und Verfahren der Welterklärung. So hat letzthin einer der führenden Kulturrelativisten, der Ethnologe Clifford Geertz (1996), argumentiert, wissenschaftliche Differenzen müssten in unserer Welt der kulturellen Kontakte wie politische Differenzen behandelt werden, also unter Verzicht auf Kategorien wie *wahr* oder *böse*. Der Teufel steckt aber natürlich auch hier im Detail. Welcher christliche Missionar wollte den Buddhisten heute noch mit der Trinitätslehre das Heil bringen? Aber sind die Mythen der kanadischen Indianer über ihre Herkunft aus der Unterwelt wirklich genauso wahr wie die Ergebnisse der 'weißen' Archäologie? Ist das Beharren auf logischer Argumentation und dem Experiment, auf Rationalität insgesamt, kultureller Hegemonismus?

Für einen *neuen* Oscar Wilde! Schluss mit Pop-Philosophie und Hochstapelei in der Literaturwissenschaft und Kulturkritik!

Rolf Breuer, geboren 1940 in Wien, habilitierte sich 1975 in Regensburg und lehrte unter anderem in Amherst/Massachusetts, Bamberg und Marburg. Seit 1979 ist er Universitätsprofessor für Englische Literaturwissenschaft in Paderborn.